PAR BREVET D'INVENTION (SANS GARANTIE DU GOUVERNEMENT).

MÉCANISME MUSICAL

TRANSPOSITEUR,

POUR ORGUE OU PIANO,

PAR M. CLERGEAU,

CURÉ DE VILLEBLEVIN, DIOCÈSE DE SENS (YONNE),

SES EFFETS SUR L'ORGUE OU SUR LE PIANO,

SES CONSÉQUENCES DANS LE MONDE MUSICAL;

SUIVI

1° D'UNE LETTRE APPRÉCIATIVE DE Mgr L'ARCHEVÊQUE DE SENS,

2° D'UN TABLEAU DE TRANSPOSITION

INDIQUANT LES DIFFICULTÉS SUPPRIMÉES DANS LA MUSIQUE D'ORGUE.

3° D'UNE LETTRE DE M. L'INSPECTEUR DE L'INSTRUCTION PRIMAIRE DE L'YONNE
A M. LE MINISTRE DE L'INSTRUCTION PUBLIQUE.

4° D'un Rapport fait à M. le Ministre des Cultes sur le double avantage de ce mécanisme musical
Par M. POLLET, Organiste et Maître de Chapelle à Notre-Dame de Paris.

SENS,

IMPRIMERIE DE THOMAS-MALVIN.

—

1845.

MÉCANISME MUSICAL TRANSPOSITEUR,
POUR ORGUE OU PIANO,

PAR M. CLERGEAU,

Curé de Villeblevin, diocèse de Sens (Yonne).

SES EFFETS SUR L'ORGUE OU SUR LE PIANO,
SES CONSÉQUENCES DANS LE MONDE MUSICAL.

—

ARTICLE PREMIER. — Ses effets sur l'Orgue ou sur le Piano.

L'effet de ce *mécanisme*, sur l'orgue ou sur le piano, est de *transposer* au lieu et place de l'organiste ou du pianiste, c'est-à-dire, qu'en jouant un morceau dans le ton où il est écrit, l'organiste peut le monter ou le descendre d'un *demi-ton*, *d'un* ton, *d'un* ton *et demi*, de *deux* tons, de *trois*, etc. Les développements qui vont suivre aideront à l'intelligence de ce court exposé. Il suffit, en ce moment, de dire que ce mode *transpositeur* procure, par le *même moyen*, aux artistes *faibles* et aux *habiles*, deux avantages bien précieux et conformes à leurs besoins.

Aux *premiers* il permet d'exécuter toujours en gamme simple, celle *d'ut* par exemple, soit le plain-chant, soit la musique facile; de sorte que, pour eux, la connaissance et l'exécution des autres gammes ne sont plus indispensables : le mécanisme, quand besoin sera, faisant, à la place de l'exécutant, toutes les gammes qui se composent de dièses et de bémols. *(Voir le Tableau, page 13.)*

Les *seconds*, c'est-à-dire les artistes proprement dits, y trouvent le grand avantage de transposer, *subitò* et sans préparation aucune, dans les tons en usage comme dans les *moins usités*, les pièces de musique, même *les plus difficiles*, sans les jouer autrement qu'elles ne sont écrites sous leurs yeux, et qu'ils les auront étudiées. Le mécanisme annoncé fait pour les uns comme pour les autres le travail de la *transposition*.

(Voir la lettre de Mgr. l'Archevêque de Sens, le Rapport au Ministre des Cultes, la Lettre au Ministre de l'Instruction publique.)

Ce *mécanisme* s'adapte aux orgues ou aux pianos actuellement existants, ou aux orgues à construire.

Dans le premier cas, il est portatif et séparé de l'instrument. On s'en sert en le plaçant intermédiairement sur le clavier de l'instrument et sous un second clavier superposé. C'est ce dernier clavier qui est joué.

Le côté *curieux* dans ceci est , en jouant la gamme d'*ut* sur le clavier *supérieur*, d'apercevoir le clavier *inférieur* exécutant la gamme de *re* , ou de *mi* , de *fa*, ou de *sol* , de *la* , etc... Et le côté *précieux* est de conserver au morceau ainsi transposé *tout* son caractère.

Dans le second cas , le *mécanisme* est dans l'instrument, sous un seul et unique clavier, on ne voit rien au dehors.

ART. II. — Conséquences de l'application de ce Mécanisme sur l'Orgue ou sur le Piano.

Ces conséquences sont immenses : 1° Pour l'exécution du *plain-chant* dans les églises ; 2° Pour l'exécution de la *musique facile* dans les *écoles* ; 3° Pour l'exécution de la musique plus compliquée dans les grands *concerts* et dans les salons.

1° Exécution du Plain-chant dans les églises.

Principalement mu, dans mon travail, par le désir d'être utile au culte, on me permettra, pour cet article, quelques développements.

L'Italie, où se trouve la mère et le modèle de toutes les églises , a possédé, presque jusqu'à l'époque actuelle, de savants hommes élevés dans des écoles où d'excellentes traditions, concernant le chant ecclésiastique, s'étaient transmises d'âge en âge. La chapelle pontificale de Rome était particulièrement remarquable par l'instruction profonde de la plupart de ses chapelains-chantres.

Malheureusement ce sanctuaire du plain-chant n'a plus trouvé les mêmes ressources qu'autrefois pour recruter son personnel dans les autres chapitres de l'Italie, après les événements politiques qui en ont à-peu-près détruit l'existence, ou qui du moins les ont réduits à l'état déplorable où ils se trouvent aujourd'hui relativement au chant. Privées de leur revenu, ces chapelles n'ont pu se soutenir, et la source de l'instruction solide que beaucoup de musiciens y puisaient s'est tarie. A proprement parler, il n'y a plus de maîtrises de cathédrales en Italie. La chapelle pontificale même n'est plus que l'ombre de ce qu'elle était autrefois.

En France le mal est bien plus grand encore, et toujours par suite des mêmes événements. Il y a cinquante ans, toutes les maîtrises des cathédrales et de beaucoup d'autres églises entretenaient des écoles où les principes du plain-chant étaient enseignés à de nombreux enfants de chœur. Si faible que fût l'instruction qu'ils y recevaient, il en restait toujours quelque chose. La révolution, qui agita le monde pendant les dix dernières années du dix-huitième siècle, anéantit tout à coup ces écoles si nécessaires, dispersa les maîtres , et força les élèves à se refugier de l'Eglise au théâtre pour y chercher du pain. Aussi peut-on dire que la dégradation du chant du culte catholique est arrivée à son dernier période. Si les fautes introduites dans sa composition y contribuent pour quelque chose, on doit surtout l'attribuer à la barbarie de son exécution. Par respect pour les chefs des diocèses, comme aussi pour reconnaître les louables efforts qui sont tentés çà et là afin de donner quelque éclat au culte par le chant, je n'appliquerai pas mes doléances aux églises cathédrales, ni à certaines des grandes villes. Il en est assez d'autres, sur toute la surface de la France, où le plain-chant, dans son exécution actuelle, est devenu un objet de dégoût.

Quel supplice d'entendre le chant tel qu'il s'exécute aujourd'hui dans toutes les églises catholiques! Enfants de chœur, chantres et autres semblent avoir pris à tâche de déchirer les oreilles des assistants par l'ignorance du chant où ils sont presque tous, et surtout par le peu de justesse qui préside à l'exécution des morceaux. Et cependant ces morceaux sont, pour la plupart, pleins d'expression et d'harmonie imitative, et, composés de chant grave, leur exécution est très-facile. Ce mal, qui eût été supportable dans un autre siècle, devient ridicule dans le nôtre, et provoque la critique fondée des personnes même les moins exercées qui, après avoir souffert de chants rendus par les hommes dans un jour de solennité, se retirent indignées. si elles sont témoins des exercices chantés par les demoiselles. Il y a cruauté à faire hurler ou siffler en vrais sauvages des voix que Dieu a formées douces, moëlleuses, angéliques. Chaque paroisse, chaque église sont les théâtres journaliers de ces cacophonies pénibles, tandis qu'elles peuvent être des écoles de goût et ne retentir que d'harmonies mélodieuses.

Il faut dire pourtant que des efforts sont tentés généreusement, surtout par le pasteur du lieu, pour que le chant, ce présent du ciel, ne continue pas à être un supplice infernal. Mais ces efforts paraissent être sans succès, dans toutes les localités autres que les plus grandes villes, parce que l'on y manque d'instruments, seuls capables de former les voix, ou plutôt, parce que les instruments connus jusqu'ici veulent, pour leur maniement, un artiste; que les artistes sont rares, et que ceux qui existent doivent être payés.....

Remédier à tous ces inconvénients, procurer à *toutes les églises*, même les plus pauvres, un instrument et un organiste qui puisse se former *facilement*, a été l'objet de mon travail qui, je le crois, sera couronné d'un plein succès.

Quelque facile que soit le plain-chant, il demande, pour être *joué* sur l'orgue, pour être mis à la *portée* des voix, pour être *monté* et *descendu* d'un ou de plusieurs tons, la connaissance des douze gammes majeures de la musique; et le changement continuel des *clefs* qu'on y trouve (clef d'*ut* sur quatre positions et clef de *fa* sur deux) rend la transposition *indispensable* pour l'exécution de chaque *morceau* et souvent même d'un seul morceau.

Ce qui augmente encore la difficulté c'est qu'aucune règle générale n'est établie à cet égard. Les usages particuliers des églises, et les genres de voix qu'on y trouve servent de règle pour la transposition des tons du plain-chant dans les tons de l'orgue. Ainsi, pour la commodité du chœur, on transporte ici un ton plus haut, là un ton plus bas, le ton réel du chant. Par exemple dans plusieurs cathédrales les pièces du premier ton sont transposées en *ut* ou en *mi*. On fait de même du cinquième ton qui est joué en *ut* majeur ou en *si*, selon les voix des chantres ou l'écho de la localité. Les usages à cet égard varient à l'infini. Pour cette transposition les artistes agissent dans le plain-chant comme dans la musique, ils changent la gamme et en exécutent d'autres qui sont armées de dièses et de bémols nombreux, cela est indispensable.

Autrefois l'orgue ne servant qu'aux églises était accordé beaucoup plus bas que le ton d'orchestre. Il y avait à cet égard plusieurs systèmes. Le plus en usage était celui de l'orgue romain accordé d'après les proportions canoniques des longueurs des tuyaux de trente-deux pieds, ou de seize, ou de huit pour l'*ut* grave de l'instrument. Ceci constituait ce qu'on appelait le ton de l'orgue, pour le distinguer du ton d'orchestre, plus haut d'environ un demi-ton, il y a cinquante ans, et maintenant plus élevé d'un ton.

Autrefois donc, pour jouer le plain-chant dans des tons convenables aux voix des chantres, les orgues étaient composées tout exprès sur un diapason spécial, et encore ne pouvait-on se proportionner qu'*à-peu-près* à ces voix qui varient tant. Aujourd'hui on obtient cet effet plus exactement en transposant, pour le plain-chant comme pour la musique, en exécutant l'une des douze gammes connues, et dont l'étude et la connaissance font la difficulté et le mérite de l'art.

On comprend donc que trouver un *mécanisme* qui *détruise* la *transposition*, ou plutôt qui transpose au lieu et place de l'artiste, lequel puisse exécuter *toute espèce* de gamme en ne jouant que la seule gamme d'*ut*, c'est, de tout chantre, du premier enfant de chœur venu, qui sait *ut, re, mi, fa, sol, la, si, ut,* faire, en *quelques jours* seulement d'exercices, un artiste assez habile pour jouer et accompagner *tout le plain-chant,* sur tous les tons, et dans *toutes les clefs.* L'acquisition d'un orgue est faite pour chaque localité (les moins populeuses en ont plus besoin que les autres) le chant est accompagné, le défaut des voix est couvert, le ton est pris convenablement pour les exécutants, et soutenu par l'organiste; les voix claires et si belles des enfants de chœur font retentir les voûtes du temple rustique comme celles du temple de la cité, et les demoiselles, formées et dirigées, complètent l'office divin par leurs cantiques harmonieux.

2° Conséquences du Mécanisme transpositeur pour les Ecoles de toute classe.

Quelques écoles, dans peu de villes, possèdent des classes qui reçoivent des leçons de chant ou de musique vocale. Pourtant la lettre positive de la loi, et le vœu de M. le Ministre de l'Instruction publique, souvent exprimé dans diverses circulaires, sont que toute école, publique au moins, enseigne le chant aux élèves. Ce vœu n'est point rempli et ne le sera point, non par mauvaise volonté, mais par impossibilité. Il faut l'avoir *essayé* pour comprendre toute la fatigue et l'épuisement qu'éprouve un maître qui, de sa voix seule, veut former celle des autres : voix de haute-contre, voix de dessus, voix de ténor, voix de toute octave. Qu'arrive-t-il là, où des efforts sont tentés ? La peine du maître est extrême; l'oreille des élèves n'ayant rien qui la guide ne soutient pas la voix qui tombe; un chant est commencé sur un ton et finit *deux tons* plus bas; le plaisir que devrait procurer la musique vocale fait place au dégoût, et les leçons sont abandonnées comme impossibles.

Cette impossibilité disparaîtra dorénavant là où le maître sera quelque peu initié aux principes de la musique et du chant. On comprend tout d'abord qu'il n'est ici question que de musique simple, facile, sortant peu de la portée des voix, y comportant peu de modulations. Quelque extension que la science musicale doive prendre à l'avenir, l'on n'enseignera jamais dans les écoles ordinaires que la musique courante et le plain-chant qui doit lui servir d'introduction. Eh bien, je répète que l'enseignement du plain-chant et de la musique vocale, quelle qu'elle soit, ne s'introduira dans les écoles que par exception, si ces dernières ne sont pas munies d'un instrument pour seconder les efforts du maître impuissants sans cela.

Je viens aujourd'hui mettre entre leurs mains, par ma découverte, un instrument précieux. Possesseur de notre orgue et de son *mécanisme transpositeur,* le maître, pour en tirer un *parti suffisant,* n'aura d'autres efforts à faire que de se familiariser avec la *seule* gamme *d'ut* (étude peu difficultueuse). Exercé pour lui-même d'abord il se fera ensuite un bonheur de former ses élèves qu'il dominera et qu'il dirigera à son gré, dans quelque ton que ce soit. Il chantera, si bon lui semble, en s'accompagnant; les élèves, charmés de cette harmonieuse direction, feront des progrès presque involontairement. L'orgue, étant un instrument qui produit *presque tout l'effet d'un orchestre complet*, les ravira d'aise, développera en eux le goût musical, naturel à tous les hommes, et fera naître des artistes là où l'on n'aurait trouvé que de mauvais musiciens de place publique et de tabagie.

N'étant plus arrêtés par les difficultés de la transposition que le mécanisme opère, et qui est loin d'être facile même dans la musique simple, les élèves les plus forts et doués de plus de goût pourront, au besoin, remplacer le maître. Nul doute alors que l'enseignement de la musique, s'il est sagement et méthodiquement dirigé, surveillé et encouragé, comme on le fait avec tant de zèle pour les autres branches de l'instruction, nul doute que la musique, vocale au moins, ne devienne tout d'abord d'une pratique générale. Puis, le goût musical étant ainsi développé dans la grande famille du peuple, par les écoles primaires, il en surgira une multitude d'amateurs, à organisation spéciale, qui voudront joindre à leurs premières jouissances celles de l'instrument. Or l'orgue est celui qui offre le plus de ressources pour celui qui veut, ou jouer seul, ou chanter et faire chanter en chœurs. Facilité qu'il sera, dans son exécution *sur tous les tons*, par notre mécanisme *transpositeur*, son adoption ne peut manquer d'être générale. Les élèves, dont il aura guidé les pas dans leur première carrière, par un retour juste et naturel, lui porteront une sorte de tendresse. Parce qu'il aura été, sous leurs yeux, dans l'âge où les impressions sont faciles, la familiarité involontaire et inévitable, c'est l'orgue que nos jeunes élèves adopteront de préférence comme un aimable compagnon d'enfance; c'est lui qu'ils cultiveront avec prédilection. C'est enfin avec cet instrument qu'ils aimeront à se procurer pour soi et pour leurs familles, les délassements, les douces jouissances de la musique, si propres à adoucir les mœurs, et à remplir sans périls, mille instants de la vie où l'oisiveté, avec son cortége de vices, trouve ordinairement son compte.

Ce que j'ai dit des écoles de garçons est bien plus applicable encore aux écoles de demoiselles. Il n'est aucune mère de famille, riche ou pauvre, qui, en confiant sa fille à des mains étrangères pour son instruction, ne voie avec la plus tendre satisfaction son enfant joindre à l'étude des sciences celle qui lui donnera le talent du chant et de la musique; et il n'en est point qui n'éprouve un triple bonheur si sa fille lui est rendue vertueuse, instruite, et possédant le talent de s'égayer et d'égayer sa famille par de délicieuses harmonies. C'est donner à une femme une bien précieuse ressource que de lui procurer celle du chant: et c'est ce qui fera partie de son éducation, si notre instrument est adopté, comme il le doit être à cause de la facilité d'exécution qui ressort de la découverte de notre *mécanisme*.

Cet élan à donner pour le chant aux écoles des deux sexes doit partir des écoles normales. C'est à elles à se pourvoir les premières d'orgues composées dans notre système, à familiariser avec ces instruments les élèves-maîtres, afin que par eux la musique vocale soit partout enseignée, et que leur exemple inspire une noble émulation aux instituteurs déjà en exercice. Aucun d'eux, avec l'auxiliaire de notre *mécanisme*, ne trouvera pénible l'enseignement du chant dont la *Loi* fait une obligation.

3° *Conséquences du même mécanisme pour les concerts publics et pour les salons.*

Les réflexions qui précèdent ont pu être faites par le plus ignorant des hommes en musique, et sont susceptibles d'être saisies par tous. Elles suffiraient pour recommander l'usage de ce ménanisme précieux et sa propagation. Je devrais peut-être m'arrêter ici, pour ne rien hasarder et ne provoquer aucune contradiction. Je vais pourtant ajouter quelque chose et parler d'après ma conviction que je soumets d'avance à l'appréciation et à la rectification d'hommes plus instruits. Il me semble apercevoir que le mécanisme transpositeur doit donner à la grande musique d'orgue ou de piano employée dans les concerts, dans les salons, dans les églises, une impulsion puissante, une extension extraordinaire, en détruisant le difficultueux travail, souvent nécessaire, de la *transposition* improvisée.

Si je ne me trompe, la création des vingt-trois gammes majeures et mineures ajoutées à la gamme d'*ut* primitive, ou la transposition, ont pour but, entre autres effets, de monter ou descendre un morceau à volonté, comme aussi de varier l'exécution en déplaçant les demi-tons; et l'unique moyen de mettre un instrument d'accord avec d'autres, établis sur un diapason plus élevé ou moins élevé, c'est de transposer en exécutant les gammes précitées. Or, si un mécanisme *transpose* lui-même, exécute les gammes nécessaires, un pas immense est fait pour toutes les circonstances où il faut monter ou descendre un morceau, et la science de l'artiste se développe en se portant sur les autres complications dont il doit triompher.

Les vrais, les savants artistes diront sans doute qu'il est pour eux aussi facile d'exécuter un morceau dans un ton que dans un autre. J'aime à les croire, et j'envie un aussi beau talent. Il n'est aucun d'eux néanmoins qui n'avoue que la difficulté de jouer en *la*, par exemple, un morceau écrit et qu'il a sous les yeux en *sol*, ne complique extrêmement son travail. Ne remarquons-nous pas que le compositeur évite d'écrire en des gammes de difficile exécution, telles que *si*, *fa dièse* ou *ut dièse?* Il y a donc des tons qui donneraient trop d'embarras, même aux *habiles*, et qui offriraient une exécution presque impossible aux *artistes ordinaires*. Si nous convenons que ces difficultés seraient grandes dans une pièce écrite et placée sous les yeux, bien plus le seraient-elles s'il fallait les vaincre en *transposant*. Notre mécanisme transpositeur lève tous ces obstacles, permet à l'artiste d'exécuter le morceau tel qu'il l'a étudié, bien qu'il ait à le monter ou à le descendre d'un ou de plusieurs tons. Le mécanisme, en transposant lui-même, exécute les tons ou gammes que l'artiste n'oserait aborder.

Voulons-nous ajouter à ces avantages ceux qu'une jeune personne ou qu'un jeune homme trouvera dans un salon pour la musique chantée? Rien n'est plus facile à démontrer que ces conséquences inappréciables.

Tout le monde sait, tout le monde éprouve que chaque voix d'homme ou de femme, selon l'âge, le tempérament, les dispositions organiques, peut s'élever à un diapason qui varie beaucoup. Tel chante à fatiguer, s'il exécute de la main et de la voix un morceau trop élevé, qui chanterait à ravir, si son morceau était un ou deux tons plus bas. Les maitres disent qu'il y a deux moyens de remédier à cela : c'est, ou d'écrire le morceau sur une autre gamme, ou de supposer une autre clef, qui changera le nom des notes. C'est-à-dire qu'ils demandent que l'on passe deux ou trois jours pour transposer, en l'écrivant de nouveau sur un autre ton, un morceau que cette jeune personne aurait voulu chanter à sa mère ou à ses compagnes au moment de la réunion, et en lui prêtant, remarquez cela, à elle qui n'est que novice, une habileté qu'elle n'aura qu'après deux ou trois ans de travail. C'est-à-dire encore, qu'en conseillant de supposer une autre clef et de lire des notes qui ne sont pas, ils demandent un talent de maitre, et, pour éviter une difficulté, ils en indiquent une plus grande.

Pour moi, qui suis peu avancé en musique et novice comme cette jeune personne, je donne à mon mécanisme un mouvement qui se combine avec le besoin du moment, et ma cantate, qui était trop élevée pour ma voix ou trop basse pour la localité où j'exécute, se trouve de suite à la portée de ma voix, en harmonie avec l'écho de la salle, et d'accord avec l'instrument qui joue avec moi, quand même il exécuterait une autre gamme que la mienne.

Je ne crois pas que ces avantages d'un mécanisme transpositeur, faiblement mais exactement abordés dans ces courts développements, puissent être contestés un seul instant. Si la routine ou les préjugés ne s'opposent à ce qu'ils soient compris et goûtés, sous peu le plain-chant, la musique élémentaire et facile d'orgue ou de piano, destinée à accompagner le chant, seront écrits en gamme d'ut, ou seront, par un principe général et de facile application, ramenés à la gamme d'ut (j'indique cette gamme comme étant la plus simple). L'artiste faible, ne jouant qu'en *ut*, sera sur son terrain le plus solide. S'il lit de la musique, ses doitgs n'auront qu'accidentellement à exécuter des dièses ou des bémols: s'il improvise, les accords, avec cette gamme d'*ut*, naîtront sous sa main, son applomb et la grâce de son maintien annonceront la facilité de son travail; on sera étonné de ses succès qu'il devra au *mécanisme transpositeur*.

Quant à la musique difficile et compliquée qui exige une portée étendue, des modulations développées et variées et conséquemment le *doigter* de toutes les gammes, les artistes auront, en la jouant, l'avantage immense de n'avoir jamais à transposer, de se mettre à la portée de toutes les voix qu'ils devront accompagner. La jeune personne n'aura nullement à se fatiguer pour le chant d'une romance dont elle modifiera le ton à sa volonté. Tous enfin, dans le monde musical, retireront du transpositeur diminution de travail, perfection dans l'exécution.

Toutes ces *réflexions* s'appliquent à l'orgue ou au piano à clavier *fixe* enrichi du mécanisme et d'un second clavier portatif; et à l'orgue composé d'un clavier seulement, mais *mobile* et ne présentant rien à l'extérieur. Car ce transpositeur est exécuté dans le double but et de laisser subsister les orgues et pianos tels qu'on les possède, en leur rendant ces services, et d'entrer dans la composition de nouveaux orgues et pianos.

L'auteur, en joignant simultanément ce travail écrit à la confection matérielle de son mécanisme, n'a ni le temps ni la facilité de s'assurer s'il entre le premier dans cette voie de perfectionnement musical. Dans le cas où d'autres avant lui auraient appliqué le principe transpositeur. ce qui le surprendrait ce serait de ne point voir une découverte qui ne saurait être que récente, et qui est si utile, adoptée généralement surtout pour les églises, pour les écoles et pour les salons. S'il n'a point de certitude sur le mérite de son mécanisme musical comme nouveau, il a au moins l'espoir que son mode de confection est inusité; il est *sûr* de sa spécialité qui lui donne le double avantage de pouvoir être introduit dans les instruments à faire et adapté aux instruments qui existent, sans y rien changer.

Ces lignes enfin auront pour effet de signaler l'inappréciable utilité du principe transpositeur; d'appeler l'attention de MM. les ecclésiastiques, de MM. les inspecteurs des écoles et des amateurs de musique sur les avantages qui sont offerts à tous par un instrument construit dans ce système, de les y intéresser comme perfectionnement d'art, et de contribuer à sa propagation qui ne peut manquer d'être générale.

Je termine ici ces considérations qui suffisent pour faire comprendre toute l'*utilité* de l'*invention* précitée, et de quelles ressources elle doit être : — 1° Pour le *culte :* les grandes églises, celles des villages, des congrégations, les chapelles des communautés pourront à peu de frais, de temps et d'argent, se procurer les avantages de l'harmonie qui coûtent si cher dans les cathédrales. — 2° Pour les *écoles* publiques et privées, les écoles normales, les grands et petits séminaires, les colléges, les pensionnats des deux sexes, les classes si nombreuses de charité pourront toutes se mettre sur le pied de l'égalité, sous le rapport musical. — 3° Pour les *concerts* et réunions musicales quelconques, où les organistes et les pianistes transposeront, sans travail, dans les tons les plus diésés: et mettront ainsi, au moyen du *mécanisme*, tous les morceaux chantés au niveau de leur voix, quelque capricieuse qu'elle puisse être.

Quoique bien convaincu du service rendu par cette découverte aux artistes forts qui, pour transposer, n'auront jamais à changer un iota dans l'exécution d'un morceau; aux faibles qui pourront toujours jouer en gamme d'ut, je suis loin pourtant de vouloir tromper les commençants en leur laissant croire qu'ils n'auront que peu d'efforts à faire. s'ils veulent devenir d'habiles organistes ou pianistes, et que mon transpositeur détruit tout travail. La musique cesserait alors d'être un art des plus beaux, tandis qu'il l'est réellement, et par le talent qu'il exige, et par les effets admirables qu'il produit sur toute organisation qui a vie.

Je désire en outre que l'on ait bien compris, par toutes les précautions de langage employées dans le courant de ce mémoire, que je n'ai pas la prétention de vouloir trancher des questions qui sont hors de ma compétence et de celle de bien d'autres. Mes efforts ont un but principal, c'est de populariser, de tout mon pouvoir, la musique de l'orgue et du piano qui sont les plus beaux des instruments et les plus riches en ressources ; d'introduire l'usage du premier dans tous les établissements publics, dans les églises, dans les écoles. dans les concerts où les voix sont appelées à jouer un rôle. Sans fronder aucun des usages reçus je ne veux que rendre efficace la volonté de ceux qui, par position, peuvent quelque chose pour l'enseignement général de la musique et du chant. Je ne veux enfin qu'encourager les talents naissants en leur mettant en main un instrument dont l'emploi ne sera plus arrêté par les difficultés si grandes de la transposition.

LETTRE DE MONSEIGNEUR JOLLY,

ARCHEVÊQUE DE SENS, ÉVÊQUE D'AUXERRE,

Appréciative du *Mécanisme* Musical de *Transposition*

DONT M. CLERGEAU LUI AVAIT FAIT HOMMAGE.

Sens, le 19 mars 1845.

ARCHEVÊCHÉ
de Sens.

MONSIEUR LE CURÉ,

Je suis bien flatté de l'hommage que vous me faites de votre découverte musicale ; recevez en tous mes remerciments. Ma curiosité avait été grandement excitée à la lecture de l'exposé des effets de votre mécanisme sur l'orgue. Les conséquences de ce mécanisme, pour le développement de l'art musical en général et pour la propagation de la musique religieuse en particulier, me rendaient impatient de voir comment, par votre procédé, vous réalisiez ce que vous annoncez.

J'ai *vu* avec satisfaction cette ingénieuse découverte produire les effets attendus et promis. Dans le plain-chant et dans les pièces de musique facile. *vous supprimez bien réellement les onze gammes de la musique imaginées, en partie, pour la transposition, et vous les réduisez à la gamme la plus simple, la gamme d'ut.*

Plus également de difficultés pour la *transposition* des morceaux même *les plus compliqués.* L'orgue ou le piano transpose, monte ou descend un morceau, sans aucun travail pour l'artiste.

Voilà ce qui a été *vu et compris* par moi, par MM. les membres du conseil, alors présents, par les représentants du chapitre métropolitain parmi lesquels MM. Chauveau et Carlier sont *juges compétents* en cette matière.

Votre découverte doit être d'une grande utilité pour la propagation et pour la popularité de la musique d'orgue, qu'il est si désirable de voir employer dans toutes les églises pour l'accompagnement du plain-chant et des cantiques.

Ce mécanisme *peut s'employer immédiatement sur les orgues qui existent; il peut être employé dans les orgues à construire.* Il permet, en peu d'exercices, l'exécution de toute espèce de plain-chant et de musique courante, sur tous les tons. Il doit servir à ressusciter la science du plain-chant, et, dans les mesures que je pourrai prendre, pour remettre cette étude en honneur dans mon diocèse, votre système secondera mes desseins, et en favorisera la réalisation.

Je vous félicite donc bien sincèrement de vos succès et du bon service que vous rendez aux pompes religieuses. Donnez à votre découverte tous les développements qui puissent la rendre d'une utilité générale. Vous savez quelle est votre première démarche à faire. Les moyens de publicité ne vous manqueront pas, et ils auront certainement un résultat favorable. Vous pouvez compter sur mon concours pour propager l'emploi et l'application de votre découverte. Je la verrai avec plaisir s'introduire sur l'orgue du chœur de la métropole, dans mes grand et petit séminaires et dans toutes les paroisses de mon diocèse.

Vous aurez à compléter, Monsieur le Curé, l'œuvre que vous avez entreprise en joignant une bonne méthode de plain-chant, une méthode d'orgue et une courte méthode de musique.

Enfin, Monsieur le Curé, je ne saurais trop vous encourager à poursuivre votre entreprise. Peut-être devrez-vous vous attendre à quelque contradiction; elle ne sera jamais de nature à arrêter quiconque sait que le bien ne peut se faire qu'avec beaucoup de peine.

Recevez, etc.

† **MELLON**, *Archevêque de Sens.*

Les *gammes* du tableau ci-contre sont placées, non dans l'*ordre* de leur *formation*, comme les présentent les méthodes de musique, mais dans l'ordre de *gradation* des *tons* d'une octave entière, par *degrés* de *demi-tons*. Cette précaution ainsi que l'*emploi du plain-chant* ont pour but d'éviter toutes recherches à la plupart de nos lecteurs qui ne connaissent pas la musique; et qui d'un *seul coup d'œil* saisiront tout ce que notre mécanisme épargne de *difficultés* à l'artiste.

☞ L'exécution si *compliquée* de toutes ces gammes *nécessaires* jusqu'ici, dans le plain-chant comme dans la musique, pour transposer, c'est-à-dire, pour monter ou descendre un morceau, devient complétement *inutile* par l'effet du mécanisme. Il suffit *sur l'orgue*, de savoir la *seule* gamme d'ut, au moins pour exécuter le plain-chant et la musique courante.

TABLEAU des 12 GAMMES,

dont la connaissance est indispensable pour l'exécution des morceaux, sur tous les tons soit en plain-chant, soit en musique instrumentale et vocale.

ou TABLEAU de la TRANSPOSITION.

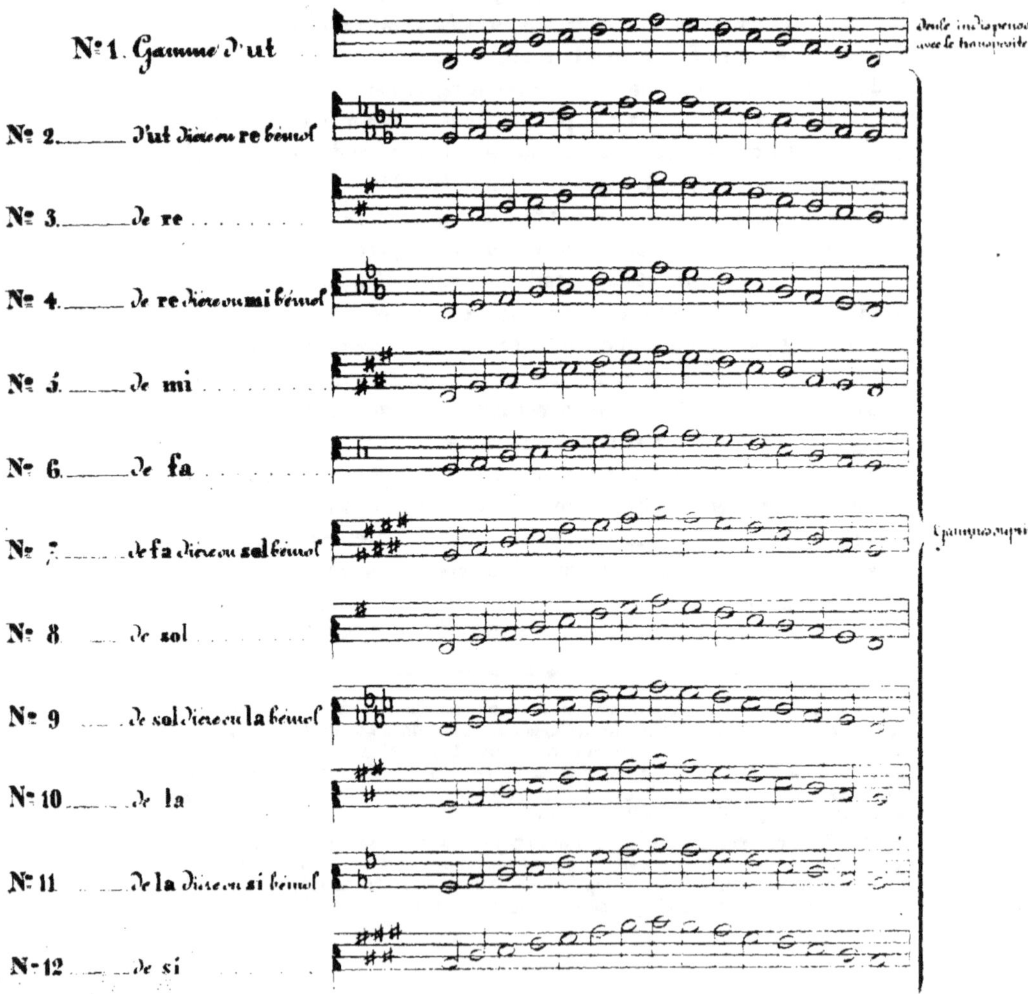

LETTRE

de M. l'Inspecteur de l'Instruction primaire de l'Yonne,

A M. LE MINISTRE DE L'INSTRUCTION PUBLIQUE.

Académie
DE PARIS.

Instruction primaire.
—

INSPECTION
DE L'YONNE.

Tonnerre, le 20 Avril 1845.

MONSIEUR LE MINISTRE,

Depuis que l'enseignement du chant est obligatoire dans les écoles primaires supérieures, et recommandé dans les écoles élémentaires, plusieurs personnes se sont occupées d'en rendre l'étude agréable et facile : les unes, par la publication de morceaux de musique faits exprès pour nos élèves; les autres, par la mise en vente de méthodes simplifiées.

M. Clergeau, curé de Villeblevin (Yonne), veut aussi payer son tribut à nos écoles; mais persuadé qu'il est que, si les élèves de nos campagnes ne font pas, sous le rapport du chant, des progrès rapides comme ceux de la capitale, cela tient surtout à ce que les maîtres moins solides ont besoin d'être secondés dans leurs leçons, par l'auxiliaire d'un instrument qui, suivant pas à pas les élèves, les empêche de dévier, il s'est, pour obtenir ce résultat, efforcé de simplifier les instruments à clavier, et particulièrement l'orgue expressif; et il se propose, si son projet est goûté, de s'entendre avec les facteurs d'instruments, pour en baisser le prix et pouvoir ainsi les répandre partout.

La simplicité du mécanisme de M. Clergeau, dont l'effet est de réduire toutes les gammes à la gamme d'*ut*, au moins dans les morceaux faciles de musique; et, pour les plus compliqués, de permettre d'accompagner à l'instant un chœur, dans quelque ton qu'il chante, sans transposition aucune; son zèle bien connu, pour la propagation de la bonne musique, me font avantageusement augurer de son œuvre.

Je crois aussi, avec lui et avec plusieurs artistes, que l'accompagnement d'un instrument à clavier peut très-utilement aider nos instituteurs dans l'enseignement du chant aux élèves.

Pensant que cette opinion pourrait bien être aussi partagée par vous, Monsieur le Ministre, sachant d'ailleurs avec quel empressement vous accueillez tout ce qui peut accélérer les progrès de nos écoles, je viens vous prier de vouloir bien faire examiner le mécanisme musical de M. Clergeau, de lui donner, s'il est possible, votre approbation, et de lui venir ainsi en aide pour la réalisation de son projet, et pour la publicité qu'il veut donner à sa découverte.

Veuillez agréer, Monsieur le Ministre, l'hommage de mon profond respect.

L'Inspecteur de l'Instruction primaire,

COLIN.

RAPPORT

ADRESSÉ AU MINISTRE DES CULTES SUR LE MÉCANISME TRANSPOSITEUR DE M. CLERGEAU, CURÉ DE VILLEBLEVIN (YONNE),

PAR M. POLLET,

ORGANISTE ET MAÎTRE DE CHAPELLE A NOTRE-DAME, MÉTROPOLE DE PARIS.

Ce mécanisme, d'une très-grande simplicité, peut s'adapter à tous les claviers soit de piano, soit d'orgue.

M. Clergeau, désirant surtout simplifier l'accompagnement du plain-chant, est parvenu à vaincre une de ses difficultés. L'organiste, au moyen de ce mécanisme, n'est plus obligé de transposer le plain-chant, qui ne peut être exécuté que dans le ton où il est écrit.

Dans la plupart des localités on a des organistes très-médiocres, et souvent on a recours à la bonne volonté d'un paroissien, quelquefois très-peu musicien, qui exécutera assez facilement peut-être quelques pièces de musique, mais qui, éprouvant de trop grandes difficultés dans la transposition du plain-chant, y renoncera bientôt.

Cette difficulté est annulée par ce mécanisme qui permet de jouer toute espèce de morceaux dans le même ton.

Ce que je dis du plain-chant peut également s'appliquer à la musique, puisqu'au moyen de ce mécanisme on peut transposer tel morceau que ce soit dans tous les tons qu'il plaira de prendre, sans que le musicien ait le moindre travail de tête à faire.

On a tellement senti l'utilité d'un tel procédé que plusieurs facteurs ont, depuis peu d'années, fait des pianos transpositeurs. Mais les systèmes essayés jusqu'ici ou bien ne sont point applicables à l'orgue, ou bien ne pourraient y être adaptés qu'intérieurement. Aussi l'avantage que je crois reconnaître dans le mécanisme de M. Clergeau, c'est que, non-seulement il peut être employé dans la fabrication intérieure d'un instrument à faire, mais qu'on peut l'adapter immédiatement à tout instrument à clavier déjà existant. Ce second avantage constitue certainement une extension nouvelle et grande du principe et de l'application du mécanisme transpositeur.

Je crois donc que cette nouvelle découverte musicale peut être d'une très-grande utilité dans un nombre infini de paroisses, où l'on ne peut se procurer un artiste habile, et partout où l'orgue peut être employé dans un but d'utilité publique et particulière; comme aussi je dois signaler l'avantage qu'il procure à toutes personnes qui, possédant déjà un orgue ou un piano, peuvent éviter une nouvelle acquisition coûteuse et se procurer, à peu de frais, l'incontestable utilité d'un transpositeur.

Paris, 24 avril 1845.

J. POLLET,

Maître de chapelle de Notre-Dame de Paris.

(Nota 1°.) L'intention qu'a l'auteur d'offrir, sans plus tarder, à tous NN. SS. les Archevêques et Évêques le premier hommage de sa découverte, et de leur proposer d'en appliquer de suite les avantages à leurs diocèses respectifs, en se rendant lui-même dans chaque chef-lieu, à l'époque des retraites, s'il y est autorisé; cette intention qui ne peut se réaliser utilement et sûrement qu'en mettant sous les yeux de MM. les retraitants des instruments de tout prix et d'effets variés; la nécessité, pour cela, de s'y prendre d'avance, ne lui permettent pas d'attendre, pour les insérer ici, les réponses des différents ministères auxquels le système transpositeur de M. Clergeau est recommandé. Il se propose de les faire connaître plus tard, aussi bien que les mesures administratives qui seraient prises dans l'intérêt des écoles.

M. le Ministre des Cultes, à peine informé du travail de l'auteur, a de suite commis l'un des plus grands artistes de la capitale, M. Simon, organiste du Chapitre royal de Saint-Denis et de la paroisse Notre-Dame-des-Victoires, inspecteur des orgues de toutes les cathédrales de France, pour examiner le mécanisme de M. Clergeau.

Une mesure de ce genre et l'empressement avec lequel elle est prise annonce assez l'importance qu'attache à cette innovation musicale M. le Ministre des Cultes qui, sans aucun doute, en recommandera l'emploi aux respectables chefs des diocèses, aux lumières et au zèle desquels est exclusivement confiée la direction des solennités du culte catholique et de tout ce qui s'y rattache.

Nota 2°.) Le prix des *orgues expressives*, *Melodium*, *avec transpositeur*, variera de 150 fr. à 750 fr. Les moins forts produisent un effet suffisant pour les églises ordinaires de la campagne.

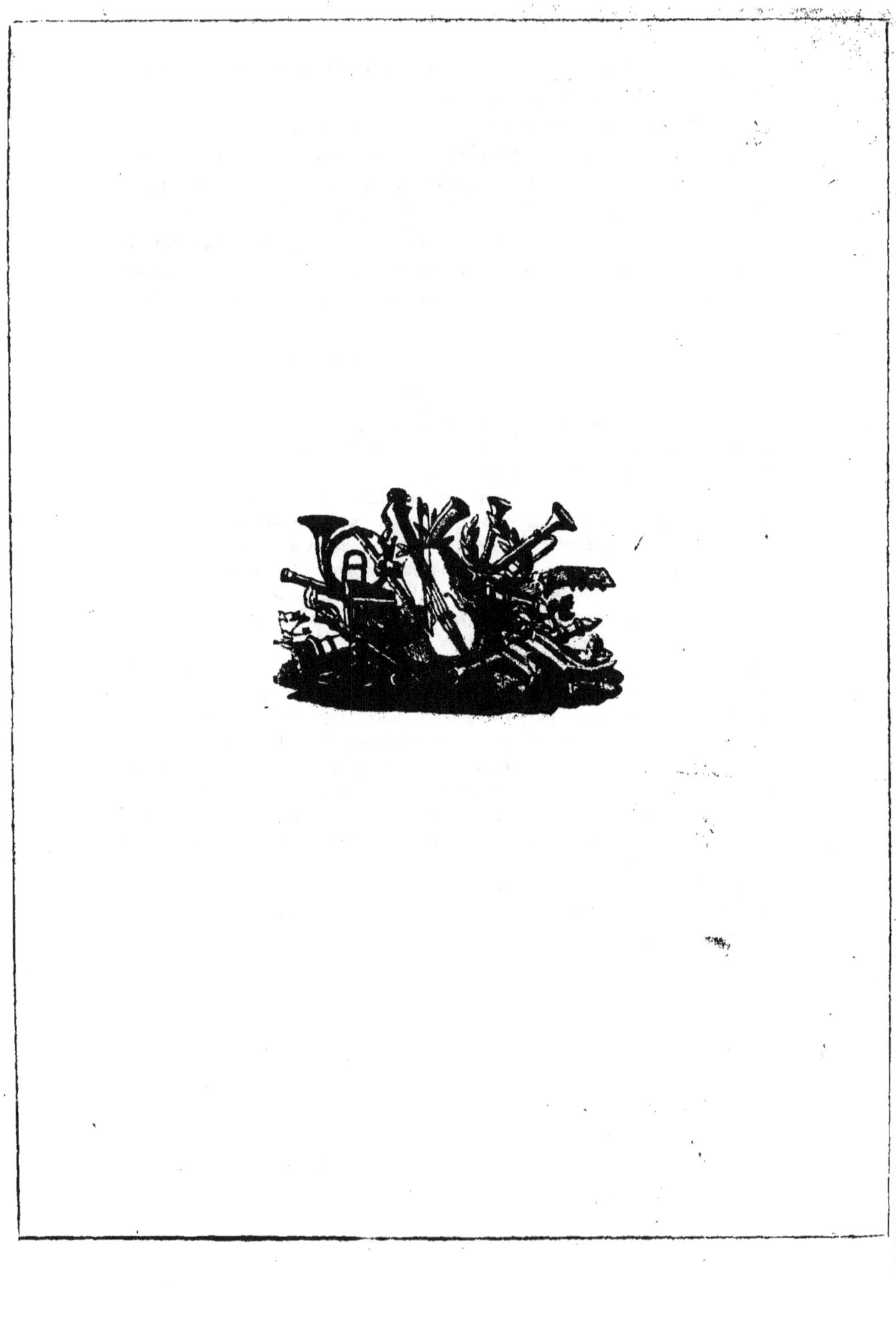